JN437566

최유지 제2시집

공감의 거리

崔由地 第二詩集

共感の距離

최유지 제2시집 崔由地 第二詩集
공감의 거리『共感の距離』

초판1쇄 인쇄 2014년 10월 10일
초판1쇄 발행 2014년 10월 15일

지은이 최유지(崔由地)
옮긴이 권택명(権宅明)
감수 사가와 아키(佐川亜紀)
기획자 강성재(姜星財)
펴낸이 이재욱
기획 한얼사(한일문화교류센터)
펴낸곳 ㈜새로운사람들
디자인 이즈플러스
마케팅·관리 김종림

한일문화교류센터(한얼사)
주소 서울 영등포구 여의도동 44-2 태양빌딩 402호
전화 02-782-8159, **팩스** 02-782-6035
홈페이지 http://www.24expo.biz

㈜새로운사람들
등록일 1994년 10월 27일
등록번호 제2-1825호
주소 서울 도봉구 덕릉로 54가길25
전화 02-2237- 3301, **팩스** 02-2237- 3389
이메일 ssbooks@chol.com
홈페이지 http://www.ssbooks.biz

ISBN 978-89-8120-502-7(03830)

* 책값은 뒤표지에 씌어 있습니다.

최유지 제2시집

공감의 거리

권택명·옮김
사가와 아키·감수

새로운사람들 한언글사

崔由地 第二詩集

共感の距離

権宅明·訳
佐川亜紀·監修

새로운사람들 한국어라사

차례

2부

3부

4부

서문

20년간의 망설임, 혹은 그 설렘으로
제2의 시집 공감의 거리를 낸다.
공감할 수 있는 거리에 당신이 존재하고
자신이 존재함은,
지상에서 얻는 가장 큰 위로이다
축복이다
오랜 침묵 끝 피워낸 열정의 꽃
단비에 젖은 나날들에
우리가 가고 우리가 온다.

2014년 가을

최유지

序文

二十年間のためらい、あるいはその胸騒ぎで
第二詩集『共感の距離』を上梓する。
共感できる距離にあなたが存在し
自分が存在するのは、
地上で得られるもっとも大きい慰めである。
祝福である。
長い沈黙の末に咲かせ出した情熱の花
恵みの雨に濡れた日々に
私たちが行き、私たちが来る。

2014年 仲秋
崔由地

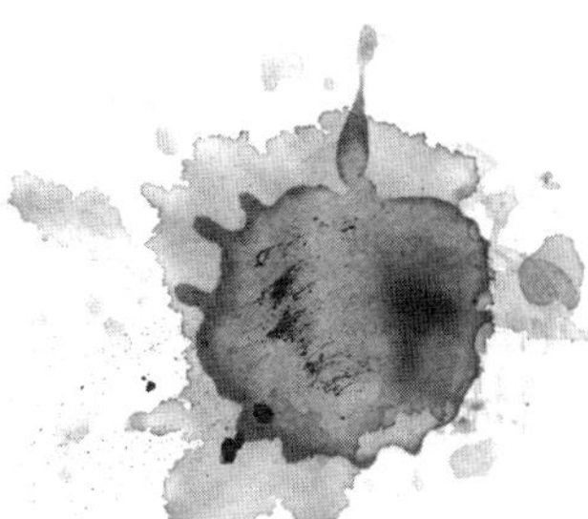

1부

어느 날, 오후

미나미가시와(南柏) 역
4번 버스정류소
낯선 곳을 향해 가고 있다
몇 백 그램의 심장 하나 지켜내지 못한
나의 잘못을 구겨 넣으며
삼바가 흐르는 그곳,
그에게로 향한다
그가 누군지 다 알 수 없지만
아직,
열한자리 숫자로 연결된
선의 위
차에서 내리면 바람은 불고
정녕 갈 곳은 없다
일본에서는

ある日、午後

南柏駅
4番停留所
見知らぬところに向かって行く
数百グラムの心臓一つ守りきれなかった
私の過ちをくしゃくしゃに丸めながら
サンバの流れるそのところ、
彼に向かう
彼が誰なのかすべて知ることはできないけど
まだ、
11桁の数字で繋がった
線の上
車から降りれば 風は吹き
ほんとうに行き場がない
日本では

안녕 도쿄

도쿄의 아침은 안개초처럼 눈 뜬다
사람들은 손바닥 만 한 포플린 커튼
사이로
하이얀 침묵을 걸어놓고
신에게 절하리라
두 갈래 땋은 머리를 한 소녀의
자전거 굴러가는 소리
태양 아래 잘 여문
일용한 양식 앞에 고개 숙인 이웃들
"잘 먹겠습니다"

오후를 가로 지르는 오자키 유타카*의 'I love you'를 흥얼거리면 소스라치도록의 비극이 즐거움이 되는 이유를 아무리 생각해 봐도 알 수 없는 우린 영원한 다다미방의 이방인

*일본의 유명가수. 돌연 우울증으로 인한 약물중독 상태로 자살함

さようなら東京

東京の朝は霞草のように目覚める
人々は掌ほどのポプリンのカーテンの
間に
白い沈黙をかけておき
神を拝むだろう
二つに分けて編んだ髪をした一人の少女の
自転車の転がる音
太陽の下 よく熟した
毎日の糧の前で頭を下げた隣人たち
「いただきます」

午後を横切る尾崎豊*の「I love you」を鼻歌で歌いながらびっくり仰天するほどの悲劇が楽しみになる理由をいくら考えてみても分からない私たちは永遠に畳部屋の異邦人

＊有名なロック歌手。若者たちの人気を集めたが薬物中毒などで26歳で突然死した。

춤추는 사막

모랫바람에 흔들리는 춤추는 사막을 본 적이 있는가
배반의 도시를 떠나온 자에게 가르치는 침묵의 언어
그러나 말하지 않는 것은 침묵하는 것이 아닌
고통을 참는 것임을
인생이란 사막을 걸으면서 우린 알게 된다
오아시스를 향한 타는 갈증으로

踊る砂漠

砂風に揺れる 踊る砂漠を見たことがあるかしら
背反の都市を離れてきた者に教える沈黙の言葉
しかし言わないのは沈黙することではなく
苦痛に耐えることであるのを
人生という砂漠を歩きながら私たちは分かるようになる
オアシスに向かうカラカラに乾く喉の渇きで

사랑, 결코 가볍지 않은

그와 헤어져 골목길을 걸어오르면
사람들은 대문 밖 꽃을 걸어두고
나는 새로 발견한 야채드레싱의
신선한 욕망을 나의 벽에 걸어둔다

시간은, 당신의 존재로 흐르고 멈추어도
내가 사랑이라고 말하지 않으려는 것은
지금, 여기 우리의 시간이 존재치 않음이지만
사랑, 결코 가볍지 않은 유희
그 상처로 홀로 빈 벌판에 서지 않을 것임에

愛、決して軽くない

彼と別れて路地を歩き上れば
人々は大門の外に花をかけておき
私は新しく見出した野菜ドレッシングの
新鮮な欲望を私の壁にかけておく

時間は、あなたの存在で流れ 止まっても
私が愛と言わないようにするのは
今、ここに 私たちの時間が存在しないからだけど
愛、決して軽くない遊戯
その傷で 一人空っぽの野原に立つことはないから

겨울연가

벚꽃이 전등처럼 밝혀진
유원지 호텔에서는
브이자로 등이 파진 드레스를 입고도
결코 섹시하지 않는 그녀가
신청곡을 두드린다
구슬처럼 미끄러지는
'후유노 소나타'*
이내,
선율은 심장에 흩어져
꽃처럼 피어나
별처럼 사라진다

마린바의 연주가 계속될 때
에스프레소의 쓴맛 같은
인생의 기억들

우리는 지금 누구로 살아 왔는가

*드라마 〈겨울연가〉의 일본어 제목

冬の恋歌

桜の花が電灯のようにともされた
遊園地のホテルでは
Vの字に背中の出たドレスを着ても
決してセクシーではない彼女が
申し込まれた曲を弾く
玉のように滑る
「冬のソナタ」*
すぐ、
旋律は心臓に散らばり
花のように咲いて
星のように消え去る
マリンバの演奏が続くとき
エスプレッソの苦い味のような
人生の記憶

私たちは今 誰として生きてきたのか

＊ドラマ「冬のソナタ」の主題曲

가을 온천지

처음,
침묵해야 하는 법을 가르쳐 준 것은
나무였다

바람에 흔들릴 때
흔들려 마구
그 바람에 한 잎 한 잎 내어줄 때
빈 몸 되어
넉넉한 나무는
한편의 시가 되어 내게로 온다

가을 온천지
단풍 물든 그 아래,
반나절이 흐르도록

秋 全世界

初め、
沈黙しなければならないことを教えてくれたのは
樹だった

風に揺れるとき
揺れて 絶え間なく
その風に一葉一葉と渡してやるとき
空の身となって
豊かな樹は
一篇の詩となって私に近寄る

秋 全世界
紅葉の染みたその下
半日の半分が過ぎるほど

일상

창문,
저 산 너머 걸려 있던 해를
내려 놓고
어둠이 차지한 일상
문득
침묵 속 이런 교환은
미치도록 두렵지 않은가
저 시계소리
시간은 잡히지 않는 살인범
늘 우리 주위에서 서성인다

기억하는가

그는 오늘
누구의 별로 와서
누구의 별로 다시
되돌아 갔는지

日常

窓、
あの山の向こうにかかっていた太陽を
下ろし
暗闇が占めた日常
ふと
沈黙の中 このような交換は
気が狂うほど恐ろしくないのか
あの時計の音
時間は捕まえられない殺人犯
いつも私たちの周りで佇む

覚えているのか
彼は今日
誰の星として来て
誰の星として再び
帰っていったのかを

공감의 거리 I

당신을 그 자리에 두겠습니다
더 없는 외로움, 두 눈이 곪아버릴지라도
나는 이 자리에 있겠습니다
같은 하늘 아래 단지, 공존할 수 있다면
'서로'라는 말로 묶어 둘 수 있어
행복합니다.

共感の距離 I

あなたをその場所に置きます
またとない寂しさ、両目が腐ってしまっても
私はこの場所にいましょう
同じ空の下 ただ、共存することができれば
「互い」ということばで束ねておくことができて
幸せです

쉬어 가다

그를 만나면
기차는 거꾸로 간다
이제껏 구겨졌던 삶도
거짓말처럼 스쳐 지나가 버리고
새하얀 신부의 모습으로 마주앉은
자신을 바라본다
잠시,
세상을 쉬어갈 때
당신이 마주하고 싶은 것은 무엇인가

태양을 훔쳐 낸 여자
이제 곧 추워지리라
그 무엇에라도 안주하기 전 떨며 벗기 우리라
그녀는
머릴 숙이고
기차는 거꾸로 간다
가슴에 새기지 마라
때론,
모든 스쳐 지나 가는 것에도 충실했음에

休んで行く

彼に出会えば
列車は逆に行く
今までしわくちゃになった人生も
嘘のように通り過ぎてしまい
真っ白な新婦の姿で向き合って座った
自分を眺める
しばらく、
世を休んで行くとき
あなたが向き合いたいのは何か

太陽を盗み出した女
もうすぐ寒くなるだろう
その何にでも安住する前 震えながら脱がせるだろう
彼女は
うつむき
列車は逆に行く
胸に刻むな
たまには、
通りすぎていくすべてのものが充実していたから

무언의 시간

완전한 사랑의
완벽한 표현이란 무엇일까

되돌아 오지 않아도 좋을
누군가를
추억하며 기다리는
평생의 시간?

이토록
가슴 시린 것은 차라리
사랑,
그것 아니었음 좋겠다

無言の時間

完全な愛の
完璧な表現とは何だろう

帰ってこなくてもよい
誰かを
思い出しながら待つ
生涯の時間？

これほど
胸のふさがるのはむしろ
愛、
それじゃなかったらよいのに

이젠,

이제,
그런 슬픈 노래는 듣지 않습니다
어머니!

사방벽에 갇혀 누운
침대 위 시트
그녀의 하이얀 눈물을 생각하면,
우리는 당신의 끝나지 않을 기도처럼
가슴이 시립니다

기억 너머의 사랑입니다
그 날,
그가 떠나 간 것을
그녀는 알지 못합니다

긴 터널을 스쳤을 뿐이지요

もう、

もう、
そんな悲しい歌は聴きません
お母さん！

四方の壁に囲まれて横になった
ベッドの上のシート
彼女の白い涙を思えば
私たちはあなたの終わらない祈りのように
胸がしびれます

記憶の彼方の愛です
その日、
彼が離れていったことを
彼女は知りません

長いトンネルを通り過ぎただけなんです

일기

나쁜사람
한번 잡은 손은 놓지 마세요
일생을 눈 먼 사람으로
살고 싶진 않답니다
여기 이 길은
너무 멀고 춥습니다
심장이 멈춰 들 때까지 써내려간
나쁜일기
이제,
나의 인생과 함께
당신께 반납하고자 합니다

日記

「悪い人」
一度握った手は放さないでください
生涯を目の見えない者として
生きたくはないのです
ここ この道は
遠過ぎて 寒いです
心臓が止まりかかるときまで書き続けた
「悪い日記」
もう、
私の人生といっしょに
あなたに返そうと思います

기무라 타쿠야*

그의 얼굴은
초도전적…

젊은 남자의 향수
그리워하게 하는 존재의
우월감
도회적 카리스마
언제나
빈틈없어, 때론 건방진
푸른 남자

*기무라 타쿠야: 일본 SMAP 5인조 중 1명. 연예인. 영화 HERO에 이병헌과 열연

木村拓哉*

彼の顔は
超挑戦的 …

若い男のノスタルジア
恋しがらせるようにする存在の
優越感
都会的カリスマ
いつも
如才なく、ときには生意気な
青い男

*芸能人。5人組人気グループ「SMAP」のひとり。

청춘의 추억

남포동 다락방에는 아직 그들이 있다. 가난한 청춘, 막걸리 잔은 엇갈리고 더 높이 달 걸릴 때까지 하염없이 지져지던 고갈비* 내음. 헌팅으로 걸려 든 야윈 의대생 어깨에 기대어 읊조리는 하인리히 뵐 거짓말. 캠퍼스 축제가 끝나고 어깨동무한 채 윤수일의 '아파트'를 열창하던 그 때 그림이 되어 걸려 있는 청춘의 정물

"그리고 아무 말도 하지 않았다"**

그 광기에 대해선….

*부산 남포동 근처에서 1980년대 유행한, 고등어를 연탄불에 구워낸 음식의 호칭

**하인리히 뵐의 소설제목 인용

青春の思い出

南浦洞*の屋根裏部屋にはいまだに彼らがいる。貧しい青春、マッコリ**の杯は交わされより高く月のかかるときまでとめどなく焼いていたコカルビ***の匂い。ボーイハントでひっかかった痩せた医学部学生の肩に寄りかかって口ずさむハインリヒ・ベルの「嘘」。キャンパスの祝祭が終わり肩を組んだままユン・スイル****の「アパート」を熱唱していたそのとき
絵になってかかっている青春の静物画
「そして一言も言わなかった」*****
その狂気については …

*韓国釜山の地名

**濁酒の韓国語名

***鯖と牛肉を混ぜて無煙炭の上で焼いた食物。1980年代に釜山の南浦洞あたりのものが有名だった。

****1970～80年代韓国の有名演歌歌手

*****ハインリヒ・ベルの小説タイトル

서신

당신을 떠올리면
이제야 알겠습니다
그 모든 말들이 살아 움직였음을
"사랑해요"
혀 끝으로 우물거리며
주머니 속 하루를
가만히 만져 봅니다

당신을 위해 준비한 아무 것도 없지만
생이 다하도록 기억될 것은
같은 하늘 아래
같은 행복
소리 없이 움직여 갔음을.

手紙

あなたを思い浮かべれば
今 分かります
そのすべての言葉たちが生きて動いていたことを
「愛しているよ」

舌先で口ごもりながら
ポケットの中の一日を
そっと触ってみます

あなたのために準備したどんなものもないけれど
生が終わるまで思い出されるのは
同じ空の下
同じ幸福
音もなく動いていったことを

가을에 의지

이제,
가을이 오면 좋겠다
이 계절처럼
넉넉해져
진정 이웃과 함께 무엇이라도
나누고 싶다
우리가 이상하는 것은
좀처럼 더디 오고….

秋に寄りかかる

もう、
秋が来たらよかろう
この季節のように
豊かになり
まことに隣人とともに何でも
分かち合いたい
私たちが理想とするものは
とっても遅く来るので …

오후, 생각

타조,
혹은 병아리떼 구름 흘러가는 모습에 기대어 서면
텅 빈 교정
누군가의 섹스폰 연주는
자연으로 기억될
문득 소리
문득 아픔
지금 이 시간 위에 선을 긋고 머무른다

태양은,
뜨겁고
인생은
누군가의 가슴으로 옮겨 갈 영원한 민들레
우리의 열정은 식지 않는다

午後、もの思い

だちょう、
あるいはひよこたちの雲の流れる姿にもたれて立てば
空っぽになった校庭
誰かのサキソフォン演奏は
自然と記憶される
ふいに 音
ふいに 痛み
今この時間の上に線を引いて留まる
太陽は、
熱く
人生は
誰かの胸に移っていく永遠のタンポポ
私たちの情熱は冷めない

공감의 거리Ⅱ

공감의 거리에
누군가 있다는 건
길을 걸으면서도
무심히 미소 짓게 하는 그것
빗장을 열면,
꽃잎 되어 흐르는
바람의 느낌
인생은 추억이 되고
그가
오고 있다
공감의 거리에서

共感の距離 II

共感できる距離に
誰かがいるということは
道を歩きながらも
何気なく微笑むようにするもの
門を抜けば
花弁になって流れる
風の感じ
人生は思い出になり
彼が
来ている
共感の距離から

러브콜

어느 화창한 날, 눈을 떴을 때
자신에게 성큼 다가선 세상이
당신의 영혼에 입김을 불어 넣어 주며
이렇게 속삭여 준 적이 있는가
"우리의 동거가 계속 되어야 한다"는
매일 살점이 떨어져 나간 자리에
새 살이 돋아나고
굶주림에 채워 넣는 게걸스런 성욕과
떨어져 나간 껍질
어린아이의 울음 눈망울과
노인의 긴 등 그림자
동물의 학살
빠알간 장미넝쿨 위로 나는
나비는 단지,
그림
그러나
동거처럼 가난했던 약속을 지켜야 했던
러브콜의 기억
결국, 친숙히 매만져지는 인생이란.

ラブ・コール

あるのどかな日、目を覚ましたとき
自分に大またに近づいてきた世の中が
あなたの霊魂に息を吹き込みながら
このように囁いてくれたことがあるのか
「私たちは一緒に暮らし続けなければならない」と、
毎日肉がちぎれ落ちたところに
肉芽ができ
空腹に詰め込む意地汚い性欲と
ちぎれ落ちた表皮
幼子の涙の潤んだ目玉と
老人の長い背の影
動物の虐殺
真っ赤なバラの蔓の上に飛ぶ
蝶はただ、
絵
しかし
一緒に暮らし貧しい約束を守らなければならなか
った
ラブ・コールの記憶
結局、親しく撫でつけられる人生とは

시처럼 짧은

육신이 으스러질 때까지
혼미해진 정신
때로는 빼앗긴 영혼인 채
하나로 남겨질 수 있다면
그대로 인한 부도덕적 열정은
오늘 용서되리라

당신으로부터 배운
침묵의 기다림
지워낼 수 없는 그 오만의 시간 위
칠백삼십일을 서성인다
나쁜여자
정체된 가슴을 타고 흐르는
마냥 빗소리

詩のように短い

肉体がつぶれるときまで
迷い乱れた精神
たまには奪われた霊魂のまま
一つとして残されるのなら
あなたによる不道徳的な情熱は
今日 赦されるだろう

あなたから習った
沈黙して待つこと
消せないその傲慢の時間の上
730日佇む

「悪い女」
停滞した胸に沿って流れる
ひたすら 雨の音

조종

이제
당신을 용서하겠습니다

우린 우리의 자유를 찾아 갈 것이며
두 번 다시 당신과 나누지 않겠습니다

빛나는 태양 아래
잘 여문 열매
한 입 베어 물며
맨발로 걸어 가겠습니다

신이여!
조종을
늦춰 주십시오

操縦

もう
あなたを赦します

私たちは私たちの自由を求めて行くし
二度とあなたと分かち合いません

輝く太陽の下
よく熟した実
一口噛み付きながら
裸足で歩いていきます

神よ！
操縦を

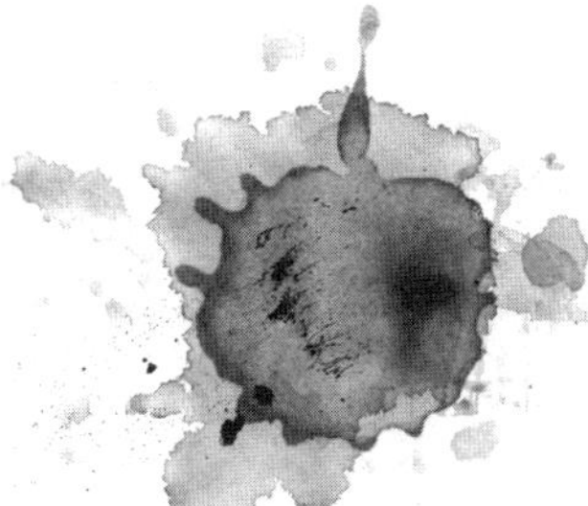

2부

성형 천국에 바램

감정을 성형할 수 있다면
내 슬픔엔 콜라겐을
그 아픔엔 보톡스를
절절이 사무치는 그리움엔
금실로 수놓고 싶더이다.
이제 진실로 이 감정을 성형할 수 있다면
그 모든 것이 제 자리로 돌아갈 즈음
다 잊고
묵묵히
나는 그 자리에 머물고 싶더이다

整形天国に願う

感情を整形することができるならば
私の悲しみにはコラーゲンを
その痛みにはボトックスを
切々と胸の痛む恋しさには
金の糸で刺繍したかったです
もうほんとうにこの感情を整形することができれば
そのすべてのものが自分の位置に帰っていくとき
すべてを忘れて
黙々と
私はその場所に止まりたかったのです

따스한 관계

우리가 사랑으로 기억하는 것은 무엇인가

집으로 되돌아 오면서
그는 사랑으로 남는 단 한 사람
이별로 기억되지 않을
그대가 곁에 있다
언제나 야윈 등 쓰다듬어 주었던
당신은
눈물이 되어서도 따스히 흐를
나의 남자

温かい関係

私たちが愛として記憶しているのは何だろうか

家に戻ってきながら
彼は愛として残るたったひとりの人
別れとして記憶できない
あなたがそばにいる
いつも痩せた背中を撫でてくれた
あなたは
涙になっても温かく流れるはずの
私の男

사랑의 힘으로

사랑이란
동거처럼 아름다운 시절
못내 가벼워지는 열정의 무게로
눈을 감으면,
그쯤
떠나기도 했고 남겨지기도 한
당신의 자리

창문을 열면 숲이 보인다
긴 여행을 떠난 자들의 귀향
식탁보는 깔리고
수프는 끓어 올라….

해질 무렵
그대에게 보내는 와인키스
하늘 아래 행복한 시간이 멈춰서기 전,
그대여 다시 한번

愛の力で

愛とは
一緒に暮らすように美しいとき
こよなく軽くなる情熱の重さで
目を閉じると
そのあたり
離れたこともあり 残されたこともあった
あなたの席

窓を開ければ森が見える
長い旅に立った者たちの帰郷
テーブル・クロスは敷かれ
スープは煮え立ち …

夕暮れのとき
あなたに送るワインキス
空の下で幸せな時間が立ち止る前
あなたよ もう一度

고향에는

사방에
진달래
개나리
통영으로 가는 국도 십사호선
살아 있음으로 되돌아 온 길 위
도다리쑥국 한 대접
울컥 눈물로 솟는 이 향수
분주하신 어머니
잘 익은 참꽃전
입으로 말려드는 봄 □ 봄
새삼, 아름다운 것은 먹어 치우는 것이 아님을 알면서도
맛도 인연이 되는 것을….
방금 촌부의 손을 거친 볼락어
'타아탁' 살점 터뜨리는
구이소리
사람소리
지금, 고향에는

故郷には

四方に
ツツジ
チョウセンレンギョウ
統営*へ行く国道14号線
生きていることで戻ってきた道の上
メイタガレイを入れた蓬のスープ一鉢
わっと涙で湧き上がるこの郷愁
忙しいお母さん
よく焼けたツツジの煎餅
口に巻き込まれる春 春
今更、美しいものは食べつくすものじゃないと知りながらも
味も縁になることを …
たったいま村の女の手を経た魚
ぱたぱたと肉片を破裂させる
魚焼きの音
人の声
今、故郷には

*トンヨン市 韓国の慶尚南道の市。作者の故郷。

문득

아껴 둔
작년 겨울 김장김치
한 포기
식은밥에 걸쳐 먹고 나면
고향의 뜰 위
눈물나는 과거는
사라지고
내일은,
냉정 위에 서리라

ふと

大事にしておいた
昨冬のキムチ
一株
冷や飯にかけて食べ終われば
故郷の庭の上
涙ぐましい過去は
消え去り
明日は、
冷静の上に立とう

살아가면서

조금 살아가면서 생각해 보았지만,
그래도 착각할 수 있을 때가
아직 청춘인가 한다
이 착각이란 것도 지나가 버리면
인생의 무엇이 또 우리를 맞이해 줄 것인가
끝이 나지 않을 것 같은 수수께끼
우리,
더 남은 숙제가 좋은데….

生きていきながら

ちょっと生きる中で考えてみたけど、
でも錯覚できるときが
まだ青春かと思う
この錯覚というのも過ぎてしまえば
人生の何がまた私たちを迎えてくれるだろう
終わらないような謎
私たち、
もっと宿題が残った方がよいのに …

느낌

살아 가면서 잃어가는 것의
정도를 깨닫고,
덜 슬퍼하며
조금 덜 기뻐하리
누군가의 모든 아픔인 채 차라리
남지 못할
이 시간 위 머물러

感じ

生きていきながら失っていくものの
正道を悟り、
いくぶん少なめに悲しみ
もうちょっと少なめに喜ぼう
誰かのすべての痛みであるまま かえって
残ることができない
この時間の上に止まって

간절함의 기대

맥주 캔 하나 들고
야간 열차 탔네
열차는 종점에 이르러도
술은 남아….
나는 이곳에 머물고 싶따아
쭈욱
너, 인생이란 것과 시름하며

胸いっぱいの期待

缶ビール一本を持って
夜間列車に乗った
列車は終点に着いても
ビールは残り…
私はここに留まりたい
ずっと
あなた、人生というものと取り組みながら

일상의 정리

이제, 웃자
그 많은 시간
우리 서로 함께 용서해야 할 것들이
너무 많았다
바보가 다 된 세월에
물을 이유도 없다
그렇게 이대로 달려가자
듣지도 보지도 알지도 말며
오늘도,
너무 피곤하다

日常の整理

もう、笑おう
その多くの時間
私たち互いにいっしょに赦し合うべきことが
多過ぎた
ほとんど馬鹿になった歳月に
問う理由もない
そのようにこのまま走って行こう
聞くことも見ることも知ることもしないで
今日も、
疲れ過ぎた

인생·풍경

다리 위로는
만삭이 된 전철이 달리고
그 밑으로 하품을 토해내는
샐러리맨들의 자동차
다리 옆
길 잃은 고양이들
살아있는 모든 것으로 연루된, 인생
거기 있더라.
때론, 죽어가는
모든 것으로 연루된 인생
거기 있더라.
우리를 실어나르는 그곳까지

人生・風景

橋の上には
臨月になった電車が走り
その下に欠伸を吐き出す
サラリーマンたちの自動車
橋のそば
野良猫たち
生きているすべてのものに巻き込まれた、人生
そこにあったんだ。
ときには、死んでいく
すべてのものに巻き込まれた人生
そこにあったんだ。
私たちを運び出すそこまで

공감의 거리 Ⅲ

네 곁에 오라고 재촉하지 마세요
내 곁에 있는 당신을 잠시 잊을 시간이
필요한 것을…. 여기에
우리가 진실로 공존함을
숨돌려 생각해 봐요….
공감의 거리에,
꼭 이만큼 와 있는 것을
잊지마세요
오늘 빗장을 내리지만
내일은 당신 곁,
꽃잎처럼 맴돌 것을

共感の距離 III

あなたのそばに来るようにおっしゃらないでください
私のそばにいるあなたをしばらく忘れる時間が
必要なのを …ここに
私たちがまことに共存することを
一息入れて考えてみてください …
共感の距離に、
ちょうどこれほど来ていることを
忘れないでください
今日門を挿すけど
明日はあなたのそば、
花弁のようにぐるぐる回っていることを

사랑에 대한

어리석은 사랑은 존재하는가
과연 헤어짐을 꿈꾸는 사랑은 진실인가
어느 한 켠 두고 온
사람이 있다면,
그것이 최선이었던가
주머니에서 만지작거려 지는
너 사랑이란 것
한 웅큼 집어던지기 좋은 날

愛について

愚かな愛は存在するのか
果たして別れを夢見る愛は真実なのか
ある一隅に置いてきた
人がいるならば、
それが最善だったろうか
ポケットでいじりまわされていた
あなた 愛というもの
一握りに 投げ出すのによい日

가을날 I

가을,
겨울바다에 갔다
달 속, 전설처럼 비취진 우리
바람이 불 듯 끝없이
오고 갔던 그 모든 것들
스쳐가도,
이젠 아파하지 않으리
뼛속까지 그까지
사랑하지 않으리…

秋の日 I

秋、
冬の海に行った
月の中、伝説のように映った私たち
風が吹くように果てしなく
行き来していたそのすべてのものたち
通り過ぎていっても、
もう痛むまい
骨の髄まで そこまで
愛すまい …

가을날 II

도시의 뒷골목 흐린 비는 회색빛 현기증
하이얀 벽 말기암 환자가 피를 토하고
맞은편 고가도로에선 신기루를 쫓다 지친 사람들
가면을 벗고 탈춤은 끝이 났다
그러나 나는 도시의 방 한 켠
가을, 가을 묻으며 여전히 아프지 않은 사랑 하나 그린다.
너 우주의 그 끝 꼭지점
창문을 열면
망각의 강이 되어
흘러가는 도시

사람들은 애초에 배반을 몰랐어라.

秋の日 II

都市の裏通り 霞んだ雨は灰色の目まい
白い壁 末期癌患者が血を吐き
向かい側の高架道路では蜃気楼を追い疲れた人たち
仮面を外し仮面舞は終わった
しかし私は都市の部屋の一隅
秋、秋を埋めながら依然として痛くないひとつの愛を描く
あなた 宇宙のその端の頂点
窓を開ければ
忘却の川になって
流れていく都市

人々は初めから裏切りを知らなかった

열도 대지진

2011년 3월 11일 오후 2시 46분
그날 그 시각에 멈춰진 망자 같은
시계를 기억한다
도망가 도망가
맨발로 걸려온 숨통 끊어지는
한 통의 전화,
진동과 굉음으로 소용돌이 치는 성난 도시
그때 처음으로,
인간의 세계에 자연이 무자비
관여함을 알았다

아이들, 동물들의 울음소리
건물의 아우성
우리들 모든 것은 일시에 멈춰섰다
지구 속에서 이뤄지는
삶과 죽음의 슬픈 교환
그저,
옷을 벗고 서 있을 뿐….
사람들이 가고 있다.
사람들이 오고 있다.

列島 大地震

2011年3月11日午後2時46分
その日その時刻に立ち止った死者のような
時計を記憶する
逃げろ 逃げろ
裸足でかかってきた息絶える
一本の電話、
震動と轟音で渦巻く憤った都市
そのとき初めて、
人間の世界に自然が無慈悲に
関与することが分かった

子供たち、動物たちの泣き声
建物の叫び
私たちのすべては一瞬にして立ち止った
地球の中でなされる
生と死の悲しい交換
ただ、
服を脱いで立っているだけ …
人々が行く
人々が来る

여자의 향수

쁘아종*을 찍어 바르면서 생각했지만
남자는 악녀를 사랑한다
어쩌면,
오늘 밤 문 앞, 초라해진 그가 서 있을지도 모른다
헤어진지 한 시간이 채 흐르기 전

*프랑스 향수의 한 종류. 악의 꽃이라고 함.

女の香水

プアゾン*を一滴ずつ塗りながら思ったけど
男は悪女を愛する
どうやら、
今夜大門の前、みすぼらしくなった彼が立っているかも知れない
別れて一時間もまだ経たないうちに

*フランス香水のひとつ。悪の華とも言われる。

잠시, 생각이 나네

휠씬,
젊었을 때 함께 공유했던
이웃들은 지금 어디에 있는가
어린 아이들의 웃음소리
엄마들의 수다
요란하게 다가오고 사라져 가는 인생
살아 있는 동안 행복

しばし、思い出す

ずっと、
若かったときいっしょにいた
隣人たちは今どこにいるのか
子供たちの笑い声
お母さんたちのおしゃべり
騒々しく近寄り 消え去っていく人生

生きている間の幸福

부녀 간

이십년 세월
침묵의 관계를 유지해 온 부녀간
목구멍에 가시가 걸린 채로
밥상을 차린다
그분은
수저 대신 소줏잔을 들어 올리고
강된장에 풋마늘을 찔러 넣는다
어머니 안 계신 오늘은
살며시 들춰 내는 보릿고개 적 얘기
"깍쟁이 곰보 할매, 돈 일원 얻으려고
왕복 십리를 오갔다"는.

父娘の間

二十年の歳月
沈黙の関係を続けてきた父娘の間
喉に小骨がつかえたまま
食卓を調える
その方は
匙や箸の代わりに焼酎の杯を持ち上げ
味噌に青トウガラシを差し込む
母のいない今日は
それとなく引き出す春の端境期*のときの話
「けちんぼのあばたづらの婆、お金一ウォンもらおうと
往復十里も行き来してたって」とのこと

＊昔、農家の食糧事情が悪化した春の時期のこと。(訳注)

부모

아버지는 돌아가셔서 마음 아프고
어머니는 살아계셔서 마음 아프네

이국 멀리 떨어져 돌봐 드리지도 못하고,
용돈은 저울에 달아 드리니
지독스럽고 냉정한 얼굴을 한
일상은 우리를 고개숙이게 하리
살과 피로 뜨겁게
뜨겁게
더욱 살아가게 하리

父母

父は亡くなられて心が痛み
母は生きておられて心が痛む

異国で遠くに離れて世話してあげることもできず
小遣いは秤にかけてさしあげるから
酷く冷静な顔をした
日常は私たちをうつむくようにさせるだろう
肉と血で熱く
熱く
もっと生きていけるようにさせるだろう

골목길에서

당신과 헤어진 후
두어 번 뒤돌아 보았죠
여전히 미등을 켜둔 채
차 안 그 자리에 있었습니다
열차역을 뒤따르는 햇볕 맞으며
어젯밤의 시간 위에 서 보았습니다
미련처럼 있는 길
오늘은,
고백하기 좋은 날

路地で

あなたと別れた後
二、三回振り返って見たのよ
相変わらずテール・ライトをつけておいたまま
車の中その席にいました
列車の駅の後についていく日差しを受けながら
昨夜の時間の上に立ってみました
未練のようにある道
今日は、
告白するのによい日

욕정에

사랑의 욕정은 황혼 무렵
침묵으로 피어오르다 삭아져 버린
일치의 한 점
그 기억 같은 것

그는,
이 자리에 없고
나는 그의 자리에 앉아
그를 꿈꾼다

欲情に

愛の欲情は夕暮れ頃
沈黙によって立ちのぼっては冷めてしまった
一致の一点
その記憶のようなもの

彼は、
この席にいなくて
私は彼の席に座って
彼を夢見る

사랑은

사랑은
누군가의 가슴에 나무 한 그루 심는 것
바람에 흔들려도
쓰러지지 않을 인내
서로 나누며
신뢰를 피워낼 때까지
소리없이 기다려
열매 맺는 것.

愛は

愛は
誰かの心に一本の樹を植えること
風に揺れても
倒れない忍耐
互いに分かち合いながら
信頼を築きだすときまで
静かに待って
実を結ぶこと

사랑, 용서받지 못할 것이어도

때론 사랑을 자유롭게 놓아준다면….

당신은 어느 날 심장 한 켠에 차지한 사랑으로
가늘게 또는 떨림, 그 퍼득임으로
숨이 막혀오는 것을 느껴보지 못했는가
피를 타고 전신을 흐르다
역류를 거듭하는 제 삼의 감정
상처로 남겨져 용서받지 못할 것이어도 좋을 완벽한 사기
사랑이란 욕망을 따라 흘러도
결코 우리에게 채워주지 못하는 것
언제나 도착할 수 없는 곳
저만치에서 손을 흔들어 보인다

愛、赦してもらえないものであっても

たまには愛を自由に放してやるなら …

あなたはある日心臓の片隅に占めた愛で
か細く または震え、その羽ばたきで
息が詰まって来るのを感じてみなかっただろうか
血に乗って全身を流れ
逆流を繰り返す第三の感情
傷として残されて赦してもらえないものであってもよい完璧な詐欺
愛とは欲望に従い流れても
決して私たちを満たしてくれないもの
いつも到着することのできないところ
そこらへんで手を振って見せる

너에게

네가 보고 싶을 때
나는 네 얼굴을 아껴두고 싶다
진실로 네가 그리울 때
언젠가는 너를 사랑하지 않았다고
나는 나에게 말해 두고 싶다
우리가 마주하는 시간은
까닭없이 슬프다
당신은 알으시겠습니까
결단코 사랑하지 않으려는 오기 조차
늘 그 자리에 머물러 있다는 것을

당신을 느낀
그 순간에서 영원으로

あなたへ

あなたが見たいとき
私はあなたの顔を大事にしておきたい
ほんとうにあなたが恋しいとき
いつの日にかはあなたを愛さなかったと
私はあなたに言っておきたい

私たちが向き合う時間は
訳もなく悲しい

あなたは分かるでしょうか
決して愛さないという意地さえ
いつもその場所に留まっているということを

あなたを感じた
その瞬間から永遠へ

발리의 여인

발리의 여인
잊을 수 없는 그 에메랄드 빛 눈동자
긴 직모
풍만한 젖가슴
야자수 그늘 아래,
파아란 추억으로 일렁이는
그녀들을 본적이 있는가
가끔 인생을
쉬어 갈 때는

バリの女

バリの女
忘れられないそのエメラルド色の瞳
長い睫毛
豊満な胸
椰子の木陰、
青い思い出でゆらゆらする
彼女たちを見たことがあるかしら
たまに人生を
休むときには

돌아와서

사랑,
긴 중독의 시간이었다

옷을 벗어 던지고
소파에 기대면
육신의 흐느낌이 있다
숨죽여,
내 안에서 운다

帰ってきて

愛、
長い中毒の時間だった

服を脱ぎ捨てて
ソファーにもたれれば
肉体がすすり泣く
息を殺して、
私のうちで泣く

3부

갈증

치바(千葉) 시를 가로 지르며
한국 사람과
한국 김밥을 먹으며
모국어,
그 타는 갈증을 쏟아냈다

피카소 전시회장을
빠져 나와
집으로 돌아 가는 길
등 뒤로,
냉정하게 채색 된
석양

우리는
네비게이션으로 되돌아 앉았다

渇き

千葉市を横切りながら
韓国人と
韓国の海苔巻きを食べながら
母国語
その激しい渇きをぶちまけた

ピカソの展示会場を
抜け出て
家に帰る道
背後に
冷静に彩られた
夕日

私たちは
ナビゲーションによって座り直した

반신욕

마음이 외로울 땐,
반신욕을 즐긴다면…

공간, 비공간의 육신
사랑의 감정만큼
훑어 내려지지 않는
이 시간의 상념
아이러니!
여전히 현해탄을 따라 건너 온 당신입니다

우리를 둘러싼
애증과 고통의 미열
십팔일 이후,
처음 모습 그대로 촛불은 밝혀지고
되돌려 놓아두고 싶은 무언의 모래시계

면벽인 채
반신욕은 끝나지 않는데

욕조 위 삼백육십오일
인조장미보다 초라해지기 전

반드시
키스는 거두리라고….

半身浴

心寂しいときには
半身浴を楽しむなら …

空間、非空間の肉体
愛の感情ほど
取り出せない
この時間のもの思い
アイロニー！
相変わらず玄海灘に沿って渡ってきたあなたです

私たちを取り囲んだ
愛憎と苦痛の微熱
18日以降、
最初の姿そのままに蝋燭は点され
取り戻しておきたい無言の砂時計

壁に面して座ったまま
半身浴は終わらないのに

浴槽の上の365日
造花の薔薇よりみすぼらしくなる前に

かならず

キスを得ようと …

북쪽 언니들

매일
“반갑습니다”

그들도 좋아서 그러는 것이 아닐 것이다
좋으라고 하는 것이지
꽃 단 여인들의 모습
이
절절한 가슴은

北朝鮮のお姉さんたち

毎日
「お目にかかれて嬉しいです！」*

彼女らも好んでそうするのではないだろう
相手の気持ちをよくするためにやることだ
花をつけた女性たちの姿
この
切なる心は

*北朝鮮の若い女性従業員たちが飲食店などで公演するときよく歌う歌のタイトルや挨拶のことば（訳注）

자전거와 오후 풍경

월남치마 차림의 모자 쓴
할머니
자전거를 타고 휙 지나간다
연이은
중학생떼들
한 차례의 바람에
민들레 마저 흩어져 버리는데

자전거 탄 풍경 아래
어린 아들의 손을 잡고 선 난
어디로?

自転車と午後の風景

ゆるめのチマを着て帽子を被った
おばあさん
自転車に乗ってヒューと通り過ぎていく
つづいて
中学生の群れ
一時の風に
タンポポまで散らしてしまうのに

自転車に乗った風景のもと
幼い息子の手を取り 立っている私は
どこへ？

억지여유

자신이,
어디로 가고 있는지
모르고 살아가는 것이
때론 행복한 것인가

아직
부엌 근처 쌀이 남아 있고
한국 노래의 CD가 돌아가고
전기담요 속은 따스하다
아들은, 도라에몽, 피카츄의 꿈을 꾸고
지금은,
어디로 가야 하는지 모르는 것이
더 나은 때
지금은,
예민을 놓아주고 미로 속에서도
행복한 때
그렇지
가끔은, 바늘이 잘 식별되지 않는
시계처럼 아득해 지는 것이다.

余裕づくり

自分が、
どこへ向かっているのか
分からないまま生きていくのが
たまには幸せなのか

まだ
キッチン辺りにお米が残っていて
韓国歌手の歌のCDが回っていて
電気毛布の中は温かい
息子は、ドラえもん、ピカチュウの夢を見て
今は、
どこへ行くべきか分からないのが
もっとよいとき
今は、
鋭敏を解き放ち 迷路の中でも
幸せなとき
そうだ
たまには、針がよく読めない
時計のように果てしなく遠くなるのだ

나비와 나비의

나비는 나비로부터 유혹 받는다
서로의,
팔랑이는 날개짓에 못 이겨
나선형 몸짓사위로 몰려 든
나비떼
파아란 피를 짓이기며
생과 사로 춤추는
나비와 나비의

蝶は蝶の

蝶は蝶から誘惑される
互いの、
ひらひらとする羽ばたきに勝てなくて
螺旋形の身振り小踊りで群がる
蝶々
青い血をかき混ぜながら
生と死を舞う
蝶と蝶の

공간

눈을 뜨면,
과거가 돼 버리고 마는
당신이 두렵습니다
아닙니다
여전히
우리의 호흡은
벌레처럼 움직여 마련된
이 공간에 퍼득입니다

이제,
세상에 아무것도 내 놓을 수가 없다는
더 이상 손을 펼쳐 보이지 않을 것임을
그것이 우리의 약속이었음을
공간은 모두 기억합니다
그래요
때론 사랑의 뻔한 레퍼토리에
우리가 팔리지 말아야겠습니다

空間

目を開ければ、
過去になってしまう
あなたが恐いです
いいえ
相変わらず
私たちの呼吸は
虫のように動いて準備された
この空間に羽ばたきます

もう
世に何も差し出せないという
これ以上手を広げてみせないことを
それが私たちの約束だったことを
空間はすべて覚えています
そうです
たまには愛の分かり切ったレパートリーに
私たちが騙されないようにすべきです

식사

초대받은 우아한 식탁은 어색하다
초세련으로 말아 먹어야 하는
스파게티의 비애처럼
멋에 치중하면 맛도 사라져 버린다는 것을….

오늘,
행복한 식탁을 마련했다
청양초 송 송 썰어넣은 멸치젓국
고향바다 어딘가에서 또 다른 해초와 유영하던
생미역, 볼이 미어터지도록 밀어 넣으면
한때 단란했던 대가족, 한 사람 한 사람의 얼굴이
스쳐간다
눈물이 난다 추억이 된다
병풍 안
촌스러운 우리 동기간의 모습

食事

招待された優雅な食卓はきごちない
とても洗練された仕草でポークを回して食べなければならない
スパゲッティの悲哀のように
シックさにこだわったら味も消え去ってしまうということを …

今日、
幸せな食卓を準備した
辛い唐辛子をさくさく刻んで入れたカタクチイワシの塩辛
故郷の海のどこかでまた違う海草と遊泳していた
生ワカメ、頬いっぱいに詰め込めば
一時団欒だった大家族、一人一人の顔が
通り過ぎていく
涙が出る 思い出になる
屛風の中
やぼったい我が兄弟姉妹の姿

작은 발개 소나무

작은 발개에는
갯내음을 먹고 사는
소나무집이 있다

한여름 밤엔
마실 나온
아재들의 비린내 엉킨 손에서
쐬줏잔이 오가고

누런 이 속
개기*는 모걸이배** 탓으로 잡히지 않는다며,
안주거리 김치조각
푹 찢어 넣으면

이젠,
이 한 세월 너무 많이
먹어버린 노송은
굽은 허리 담벼락에
한숨을 던진다

*생선의 경상도 방언
**불법 어로에 쓰이는 작은 똑딱선을 가리키는 경상도 방언

寂しい海辺の小さな松の木

寂しい海辺には
潮の匂いで生きる
松の木の家がある

真夏の夜には
遊びに出た
おじさんたちの生臭い匂いの絡まった手から
焼酎の杯は交わされて
黄色い歯の見える口の中
魚は不法漁業の小型発動機船のせいで獲れないと
愚痴を漏らし
酒の肴のキムチを一切れ
さっと千切って入れれば

もう、
この生きづらい歳月を
取り過ぎた老松は
曲がった腰 壁に
溜息を投げかける

바다의 아이들 I

그믐날 조금
바다는 머리카락
쓸어 올려
저 멀리
마실을 가고

바윗돌 점점이
돌맹이 집어들어
굴 까먹던 계집애들
입술 훔칠 때면

숨어자던 고동은 마른 하늘에 기지개를 편다

언젠가,
별이었던 불가사리
오렌지빛 짙어지면
어느새 바다는
집을 찾아나서는데

개벌하는 동네 사람들
굽어진 등은 펴질 줄 몰라

海の子供たちⅠ

月の末ごろ
小潮の海は髪の毛を
梳き上げ
あの遠くへ
遊びに出かけ

岩の上 点々と
石ころを持ち上げ
牡蠣の中身を取り出して食べていた娘たち
唇を拭くとき

隠れて眠っていた巻貝は晴れた空に伸びをする

いつか
星だったヒトデ
オレンジ色が濃くなると
いつの間にか海は
家を捜して発つけど

干潟に生きる村人たち
曲がった背中は伸ばされることを知らない

바다의 아이들 Ⅱ

저 해피바닷가
달이 차
뒤뚱거리는 날엔
다 타버린 깡장깡통에
불을 넣고
게를 잡으러 가자

소매 끝 매달린
콧물이 말라버리기 전에
헐렁바지 걷어차고
창백한 횃불귀신들이 되어
물이 빠져 나간 뻘구덕엔
커다란 고무신 자국들

꾸물꾸물
달 밝은 밤을
이기지 못한 게는
뻘을 차고

아히야
게를 잡으러 가자

海の子供たち II

あの幸せな海辺
月が満ちて
ふらふらする日は
燃え尽くされた黒い缶に
火を入れて
蟹を取りに行こう

袖の端にくっついた
鼻水が乾く前に
ゆるめのズボンを着て
青白い松明の鬼になって
水が引いていった干潟には
大きなゴム靴の跡

のろのろ
月光の明るい夜に
勝てない蟹は
潟を蹴り

友よ
蟹取りに行こう

바다의 아이들 Ⅲ

새빨간 나일론 스타킹이 좋아
이른 봄을 찾아나선
작은 발개 아이들

바다는 바람을 거두어가고

햇빛 너그러운 언덕배기엔
고만고만한 계집애들
조잘조잘 뒹굴며 그려보는
작은 세상

산을 좋아하는 누렁이 개는
주인집 딸 치마자락에
매착없이*
하품을 물어내고

광주리 가득 쑥이 담기면
어김없이 들려오는
동네 아주머니의 고함소리

“너머**
남사밭***에
누고?”

*‘하릴없이’의 경상도 방언
**‘남의’의 경상도 방언
***‘텃밭’의 경상도 방언

海の子供たち III

真っ赤なナイロン製のストッキングが好きで
早い春を捜して出かけた
海辺の子供たち
海は風をふくんで行き
陽光の優しい丘の頂上には
似たり寄ったりの女の子たち
ぺちゃくちゃしゃべりながら寝転んで描いてみる
小さな世の中

山が好きな黄色い毛の犬は
主人の家の娘のチマの裾に
仕方なく
欠伸を噛み殺し

かごいっぱいにヨモギが盛られると
決まって聞こえてくる
村のおばさんたちの怒鳴り声

「よそさまの
野菜畑に
誰なんだい」

당신에게

이제 당신이 싫어집니다
너무나 아름다운 당신
이 외로움은 병이 될지도 모르겠습니다
함께 살아 있음 조차 믿기지 않는
그 모든 것이 거짓인 듯
잊혀져 가겠지요
사랑하지 맙시다
제에발

あなたへ

もうあなたが嫌いになります
あまりにも美しいあなた
この寂しさは病になるかも知れません
一緒に生きていることさえ信じられない
そのすべてが嘘であるかのように
忘れていくでしょう
愛さないようにしましょう
お願いだから

한일남녀(韓日男女)

'문화가 다르면 담배 맛이 다르다'던가
문화가 다르면 남자도 다름을 야하게 느끼는
오후에는
그를 기다린다
홀린 듯

日韓男女

「文化が違うとタバコの味も違う」と言われたとか
文化が違うと男も違うことを色っぽく感じる
午後には
彼を待つ
惑わされたように

님에게

그의 가슴에서는 향기가 난다
두 눈이 적셔지는 그리움의 곳
나는 너에게로의 긴 여행을 떠나려 한다

그의 눈동자
깊은 호수에 사는 새들처럼
오늘은
아름다운 날개 짓
그에게로 날으고 싶다
너의 영혼까지
그곳까지….

きみに

彼の胸からは香りが出る
両目が潤される恋しいところ
私はあなたへの長い旅を立とうとする

彼の瞳
深い湖に棲む鳥たちのように
今日は
美しい羽ばたき
彼に飛んでいきたい
あなたの霊魂まで
そこまで …

사랑의 감정

이미,
사랑의 감정에 발을 디딘 사람
그들 모두는 세상에 속해 있지 않다
살아있는 것이 아닌
숨쉬는,
숨쉬는 것이 아닌
꿈꾸는 것이다
사랑은 허공 속 묶임
자유 속 결박
점 점
자신의 무로 빠져드는 마약

이제,
진정 그러한 사랑의 병이 시작되면
창문은 열리고
다알리아빛 스카프를 두른
여인의 향기,
서러웁게
우리 가슴 스쳐지나 갈 것임을
기억하자.

愛の感情

すでに、
愛の感情に足を踏み入れた人
彼らすべてはこの世に属していない
生きているのではない
息づく、
息づくのではなく
夢みるのである
愛は虚空の中の束縛
自由の中の縛り上げ
だんだん
自分の無に溺れる麻薬

もう、
ほんとうにそんな愛の病が始まったら
窓は開かれ
ダリア色のスカーフをまとった
女の香り
悲しく
我が胸をかすめていくのを
覚えておこう

그대에게 가는 길

단지,
'사랑'이 아닌 '열정'이라는 말로
가벼워 지는 사람이 있다
포켓볼처럼
튕겨지는
감정과 육신 사이
찢어진 블루진
다리 벌린 여자의 기억은
비의
교통

그대에게 가는 길은 어디인가

문득 눈 감으면
상처였던 것들은 그리움으로 되살아 나고
그리움은
또 하나의 상처를 닮아 갈 것임에

きみに行く道

ただ、
「愛」ではなく「情熱」という言葉で
軽くなる人がいる
ポケット・ボールのように
跳ねる
感情と肉体の間
裂かれたブルージーンズ
足を広げた女の記憶は
雨の
交通

きみに行く道はどこなのか

ふと目を閉じると
傷だったものたちは 恋しさで甦り
恋しさは
もう一つの傷に似ていくことなので

이방인

우리들 마음 속 깊은 곳에는
이방인이 살고 있다
그는, 그곳에서 우리 자신으로
숨쉬고 때론 흐느낀다
어깨를 나란히 하고
입을 맞추고 미소 짓는 일말의 양심은
날로 구겨지고
그가 우리 곁을 떠나
잠시 침묵 할 때쯤
우리는 자신의 이방인을 목놓아 울며 찾게 된다
가로등 아래서는
자유롭지 못했던 시간들이
나락의 길로 접어들고
지난날의 방황처럼 숨어든 그와 함께
삶을 준비한다
축제가 이루어 지리라

異邦人

私たちの心の奥深いところには
異邦人が住んでいる
彼は、そこで私たち自身として
息をし ときにはすすり泣く
肩を並べて
キスをし微笑む一抹の良心は
日ごとにしわくちゃになり
彼が私たちのそばから離れて
しばらく沈黙する頃
私たちは自分の異邦人を号泣しながら捜すようになる
街灯の下では
自由になれなかった時間が
奈落の道にさしかかり
過ぎ去った日の彷徨のように隠れた彼とともに
人生を用意する
祝祭が催されるだろう

도쿄타워

도쿄타워에서
장미꽃은 지지 않는다
온통,
타인의 타인
연인의 입맞춤은 전설이 되고
우리는
노을로 남는다

사랑하는 사람이 서로 바라보는
이곳
지금
하늘빛 삼바가 흐르는 곳으로 간다

東京タワー

東京タワーで
薔薇の花は散らない
すべて、
他人の他人
恋人のキスは伝説になり
私たちは
夕焼けとして残る

愛する人たちが互いに眺め合う
ここ
今
空色のサンバが流れるところへ行く

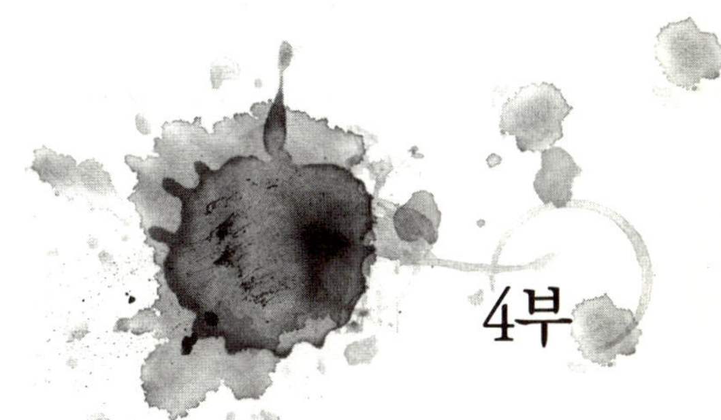

4부

선 위에 있다

아직 정리되지 않는 사랑은
이미 시작한 사랑의 선에 놓여있다
더욱 목마른 절규의 선
그리움을 대신해 줄 무엇을 종일토록 찾아 헤매다 목마른 그대
육신에 걸린 긴 해 그림자

언제였던가
그대 마음 속 정원 하나,
프로방스의 들꽃처럼 흔들렸음에
단젖을 물려주며
전설처럼 속삭였음에

문득,
바람의 기억
그대에게서 무엇을 거두어간 것은

線の上にある

まだ整理されていない愛は
すでに始まった愛の線の上に置かれている
もっと渇く絶叫の線
恋しさに代わってくれる何かを一日中捜し求めて渇いたあなた
肉体にかかった長い太陽の影

いつだったか
あなたの心の中のひとつの庭園が、
プロバンスの野花のように揺れたのだから
甘い乳を飲ませながら
伝説のように囁いたのだから

ふと、
風の記憶
あなたから何かを取り上げていったのは

역 앞에서

인생이란
계획에 없었던 짧은 여행과 같은 것
작열의 낮을 거친
밤바다
향기없는 꽃에서 나는
향을 느끼듯
육신을 깨우는
문득,
바람
가시와(柏)행 전철을 내려 밟으면
사람들이 몰려 들어가는 곳은 어디인가
여행이 끝나면……

駅前で

人生とは
計画になかった短い旅のようなもの
灼熱の昼を経た
夜の海
香りのない花から私は
香りを感じるように
肉体を目覚めさせる
ふと、
風
柏行きの電車を下りて踏み出せば
人々が押し寄せていくのはどこなのか
旅が終わったら …

기누가와(鬼怒川)

일천오백년 된
'도쿠가와 이에야스'의 무덤으로 가는 길
여기에 우리의 집들이 있다는 것은
나를 슬프게 한다
목조건물 골동품 가게에서는
할인된 역사가 팔리고
그들 앞에 우리가 서 있다
욕망이 흘러가는 곳, 기누가와
귀 기울이면
내 선조들의 잃어버린 소리
이제,
사람들은 침묵하고
나무가 사람의 말을 한다

鬼怒川

千五百年になる
徳川家康の墓に行く道
ここに私たちの家があるというのは
私を悲しませる
木造建物の骨董品店では
割引された歴史が売られ
彼らの前で私たちは立っている
欲望が流れていくところ、鬼怒川
耳を傾けば
我が先祖たちの失われた声
もう、
人々は沈黙し
樹が人間の言葉を話す

불꽃놀이

한여름 밤
욕의를 입은 남녀들
지난해의 행렬이
다시 시작된다
불씨 하나,
유와 무로 이어지는
마냥 무지개
지구를 돌리는
사람들의 탄성

누군가의 가슴에 기대어
인생은
꽃처럼
불처럼

花火遊び

真夏の夜
浴衣を着た男女たち
昨年のパレードが
再び始まる
火種ひとつ、
有と無に繋がる
ひたすらレインボー
地球を回す
人々の歓声

誰かの胸に寄りかかって
人生は
花のように
火のように

피아니스트*

'로만폴란스키'의
주인공은 울지 않는다.

전장, 그
끝없는 시련과 마주서서
생의 바다로 건너온 피아니스트
그를 기억하는가
삶은 살아가는 것이 아닌
존재하는 것임을,
뼈와 피로
존재함으로써 진실에 가까워지는 것임을…
정신을 업고 걸어다니는
한 인간, 유태인 피아니스트

그의 냉정 위,
우리는 영화가 끝났을 때 그를 대신해서 실컷 울어주기만 하면 된다 파괴된 이데올로기를 짓이기며.

*유태인 학살을 주제로 한 영화

戦場のピアニスト*

ロマン・ポランスキーの
主人公は泣かない

戦場、その
果てしない試練と向き合って
生の海を渡ってきたピアニスト
彼を覚えているのか

人生は生きていくのではなく
存在することなのを
骨と血で
存在することによって真実に近くなることを …
精神を背負って歩く
一人の人間、ユダヤ人のピアニスト

彼の冷静の上、
私たちは映画が終わったとき彼に代わって思う存分泣いてやることだけすればよい破壊されたイデオロギーを踏みつけながら。

*ナチス・ドイツの侵攻と虐殺の中を生き抜いたユダヤ系ポーランド人のピアニストを描いた映画。

아름다운 사람

놀라웁게 육교 위 투신자살을 시도한 사람은 삼십대의 젊은 남자였다 사람들에 의해 끌어 올려진 그의 모습은 눈물을 치밀어 올린다 바닷물에 절여진 마지막 한 올의 육신 널부러진 그의 과거의 시간 맨발의 모습 누구의 사랑하는 아들 세상의 아름다운 사람아 함께 일어서서 걸어가자 이렇게 기억되자

美しい人

驚くことに陸橋の上から投身自殺を図った人は三十代の若い男だった　人々によって引き上げられた彼の姿に涙がこみ上げる　海水に漬けられた最後の糸ひとつの肉体 乱雑に広く散らばった彼の過去の時間 裸足の姿 誰かの愛する息子 世の美しい人よ 一緒に起き上がって歩いていこう このように記憶されよう

티브이에서

"제발 아이를 돌려주세요"
길 위 돌무덤에 놓여진 창백한 국화
온 국민의 간절함에도
그는 칼미소를 흘리며
그렇게 사라졌다

꺾어진 열두 살의 생명
하늘 아래
온통 동물의 그림자
칙칙한 비린내
침묵과 침묵 사이
사람은 사람을 얼마만큼 외롭게 할 것인가
그 아픔 앞에 서있는
참을 수 없는 진정
지금 자신

テレビで

「どうか子供を返してください」
道の上 石の山に置かれた真っ白な菊の花
全国民の懇願にも
彼は非情な微笑を漏らしながら
そのように消え去った

挫けた十二歳の生命
空の下
一面 動物の影
くすんだ生臭い匂い
沈黙と沈黙の間
人間は人間をどれだけ寂しくするだろうか
その痛みの前に立っている
耐えることのできない真の情け
今の自分

문득은

길을 걷다 끝에 서면
죽음이 떠오른다
더 이상 만져지지 않는 기억들
살면서 단 한번도 꿈꾸지 못했던
바로, 비열정 병적 비에네르기
이런 복잡성에 이끌려 다니기만 했던
과거와 인생의 끈
마흔 즈음
햇볕에 내다 말려진 건포도 반쪽만한
용기가 있다면
소리내어 울어버리고 싶은 날이 있다
그 위에 있다
문득은

ふいに

道を歩いて果てに立つと
死が思い浮かぶ
それ以上触れない記憶と記憶
生きながらただ一度も夢見なかった
まさに、非情熱 病的非エネルギー
こんな複雑性に連れ回されるだけだった
過去の人生の紐
四十歳頃
日差しに出され干された干しぶどう半分ほどの
勇気があるならば
声を出して泣いてしまいたい日がある
その上にいる
ふいに

신은 당신들을 축복합니다

두 손을 맞잡고
나란히 걷는
젊은 부부의 모습은 눈물겹도록
아름답다
그것은
누군가의 잊혀진 인생 위 놓여진
그림 한 폭
신은 당신들을 축복합니다

神はあなたたちを祝福します

両手を取り合って
並んで歩く
若い夫婦の姿は涙ぐましいほど
美しい
それは
誰かの忘れられた人生の上に置かれた
一幅の絵
神はあなたたちを祝福します

오래된 사진

서랍을 정리하다 보니,
생전 아버지 환갑 잔칫날 사진이….
색 색의 치마저고리
다림질 잘 된 양복차림의 친척들
사진 속엔 다섯 사람 천국 떠나고,
세 사람 타인되고
이렇게 서로들 잊혀진다.
사진만이 관계를 말하고 있다

古い写真

引き出しを整理してみたら
生前の父の還暦祝宴の写真が
色とりどりのチマとチョゴリ
アイロンがよくかけられた洋服姿の親戚たち
写真の中の五人は天国へ発ち、
三人は他人になり
このように互いに忘れられる。
写真だけが関係を語っている

이별, 그 뒤

이별의 질풍노도
그 때,

아프고자 했으면
훨씬 많이 아팠겠지요
이제 그러지 않으렵니다
자신의 마음보다
넓고 포근한 이불을 푹 뒤집어 쓰고,
자고 일어나면
과거로 남겨져 있는 것을….
위로 받지 못할
이별은 없습니다
위로 받지 못할
아픔도 없습니다
희망이
정열이
그 끈을 놓아주지 않는 것이
인생이니까요
민들레의 날갯짓을 볼 수 있게
활짝 창문을 열어 보아요.
한 발짝 물러서 있는

자신의 미소와 마주해 보아요

別れ、その後

別れの疾風怒濤
そのとき、

痛もうとしたら
遥かに激しく痛かったでしょう
もう そうはいたしません
自分の心より
広く温かい掛け布団をすっぽりと被り
一眠りしたら
過去として残されるのを…
慰められない
別れはありません
慰められない
痛みもありません
希望が
情熱が
その紐を放してくれないのが
人生だからです
タンポポの羽ばたきが見られるように
いっぱい窓を開けてご覧なさい。
一足退いている

自分の微笑と向き合ってご覧なさい

우리가 꾸는 꿈의 DNA

간 밤 아주 긴 꿈을 꾸었네
눈을 떴을 때,
육체를 감싸 쥐고 있는
흠뻑 젖은 허무감

이제,
세월이 흘러
내 얼굴 곳곳에
주름이 자리잡아도
당신은 나를 용서치 못하겠더이까
뼈로 남아도
먼지로 남아도
아니, 완전히
이 사바를 떠나도?
그렇습니다
사랑한다고 고백하지 못해
머뭇거리던 그 시절의
당신,
그 모습이 아니라면
이제 내 곁에 오지 않았음 좋겠습니다
헤어질 시간이 되어서도

헤어질 수 없어 두 눈이 젖어있던 당신,
그 모습이 아니라면
이제,
내 곁에 오지 않았음 좋겠습니다

우리가 꾸는 꿈의 DNA는
우리를 닮아있어 슬픕니다.

私たちが見る夢のDNA

昨夜 非常に長い夢を見たのよ
目を覚ましたとき、
肉体をくるみつかまえている
びっしょり濡れた虚無感

もう、
時間が流れ
私の顔ところどころに
皺が寄っても
あなたは私を赦せなかったでしょうか
骨で残っても
埃で残っても
いや、完全に
この俗世界を離れても？
そうです
愛すると告白できなくて
ためらいがちだったその頃の
あなた、
その姿でなければもう私のそばに来ないで欲しいのです
別れる時間になっても

別れられなくて両目が潤っていたあなた、
その姿でなければ
もう、私のそばに来ないで欲しいのです

私たちの見る夢のDNAは
私たちに似ていて悲しいです

나쁜 남자

-유행가 가사 속 주인공처럼-
언제나 말없는 웃음으로 내 앞자리
그 큰 키를 누른 채 앉아있던
우직한 남자
손 한번 잡지 못해
커피잔을 내려 놓을 때마다
나의 손에 시선을 떨구던 순수한 남자
시험이 끝나고 미팅에서 건진
남자와의 데이트에 질투의 화신이 되어
괴로워하던 진짜 남자
자취방 부근, 전신주 밑에서
몇 시간이고 추위에 오돌거리며
나를 기다려 주며 안아주던 멋진 남자
도서관에서 빠져 나와, 캠퍼스
밤바다의 별을
손짓해 보이던 시적인 남자
양가의 악랄한, 반대를 무릅쓰고
산동네 방 한 칸에서
한 겨울의 추위를 온 몸으로 막아주던
정열의 남자

그 남자는 떠나갔네
우직도 순수도 정열도
다 폐기처분 한 채
그 남자는 내 곁을 떠나갔네

나쁜남자 나쁜남자
일생을 다해 삼류로 몸부림치는 옛사랑.

悪い男

演歌の歌詞の中の主人公のように
いつも口数少なく微笑んで私の前の座席
その長い背丈を抑えて座っていた
愚直な男
一度も手を取ることができず
コーヒーカップを下げる度に
私の手に視線を落としていた純粋な男
試験が終わり合コンで釣り上げた
男とのデートに嫉妬の化身となって
苦しんでいた本物の男
自炊していた部屋の周り、電信柱の下で
何時間でも寒さにぶるぶる震えながら
私を待って抱きしめてくれた素敵な男
図書館から抜け出て、キャンパス
夜の海の星を
手振りで指してみせた詩的な男
両家の悪辣な、反対を押し切って
山腹の貧しい町の一部屋で
真冬の寒さを全身でふさいでくれた
情熱の男

その男は離れていった
愚直も純粋も情熱も
すべて廃棄処分したまま
その男は私のそばから離れていった

悪い男 悪い男
生涯をかけて三流で身悶えする昔の愛。

고독사(死)

일본, 연간 삼만이천명의 사람들이
고독사로 삶의 공간을 마감한다
사방벽에 걸린 가족사진 대신
긴 결별과
침묵의 공존
웃고 울며,
찢어지도록 달려온 인생
어느새
소리없이
택배회사로 배달되는
유골박스
종착역이였던가
지금, 누군가의 아침은 긴 침묵의 커튼에 드리워져 있음을
지금, 누군가의 밤은 알 수 없는 지구 끝자락까지 숨 몰아가고 있음을
서러움을 접는 너 삶
서러움을 접는 너 한 송이 인생

孤独死

日本では、年間三万二千名の人々が
孤独死で人生の空間を締め括る
四方壁に掛けられた家族写真の代わりに
長い決別と
沈黙の共存
笑ったり泣いたり、
千切れるほど走ってきた人生
いつの間にか
静かに
宅配会社に配達される
遺骨のボックス
終着駅だったのだろうか
今、誰かの朝は長い沈黙のカーテンが垂れているのを
今、誰かの夜は見知らぬ地球の果てまで息を駆り立てているのを
悲しみを収めるあなたの人生
悲しみを収めるあなた 一房の人生

인생이란 티켓

부유하든 가난하든
살면서 슬픈 날
우리들이 흘리는
눈물의 무게는 다 똑 같습니다
그러나 그 눈물의 무게에 쓰러지는 사람은
단 한 사람도 없습니다
깊은 슬픔의 저 끝, 당신을 향해
숨차게 달려오는 준비된 날들이 있음을 잊지 말아요
한 순간도 당신의 손을 놓지 않는
신의 축복이 있음도 잊지 말아요
자신의 손을 깍지 끼며 따스히 약속해 보아요
당신은 사랑하는 나…입니다 라고
인생이란 티켓을 손에 쥐고
우리는 우리이어서 행복한 여행을 계속할 것입니다.

人生、幸せなチケット

富んでいても貧しくても
生きる間 悲しい日
私たちの流す
涙の重さはみな同じです
でも その涙の重さに倒れる人は
ただ一人もいません
深い悲しみのあの果て、あなたに向けて
息が切れるほど走ってくる準備された日があるのを忘れないでください
一瞬もあなたの手を放さない
神の祝福もあることを忘れないでください
自分の手のすべての指を組みながら温かく約束してみなさい
あなたは 愛する 私…です、と
人生というチケットを手に取って
私たちは私たちだからこそ幸せな旅を続けるのでしょう

사람의 딸들

4월, 잔인한 이 땅 위
당신들이 심어 놓고 간 벚꽃처럼
잠시 피고 졌던 그 꽃들을 기억하십니까
군화발로 짓이겨진 시간 위
이름없이 오고 갔던 처녀들의 분홍빛 이름을 아십니까
절절한 가슴 안고 고향의 흙 마저 떳떳이 밟지 못하는
할인된 역사의 뒷골목에 주저앉은 한숨소리를 들으십시오
사람의 딸 들 입니다
어디까지 인가요

우리는 죽어서도 용서할 수 없고
그들은 살아서도 이해할 수 없는 것인가요

"나를 동정하지 마라" 던
한 위안부 할머니의 일기,
그녀들의 찢긴 시간이 위로 받는 아픔이 되기를
위로받는 상처가 되기를 먼저, 고백해 보세요
시간을 따라, 비는 제 갈 길을 되돌아가고
동상 위 내려 앉은 새 한 마리
이제,
우리 서로 봄의 얼굴로 마주할 수 있기를…

사라 티즈데일의 바램처럼
"다가오는 모든 것에서 최대한을
떠나가는 모든 것에서 최소한을"
이제 정녕,
각자의 미래를 향해 평화로울 수 있기를
자유로울 수 있기를….

人間の娘たち

四月、残忍なこの地上
あなたたちが植えていった桜の木のように
少しの間咲いては散ったその花たちを覚えていますか
軍靴の足で踏みにじられた時間の上
名もなく行き来していた乙女たちのピンク色の名前を知っていますか
切なる胸を抱えて故郷の土さえ堂々と踏めない
割引された歴史の路地裏に崩れ座った溜息の音を聞きなさい
人間の娘たちです
どこまで無恥なのですか

私たちは死んでも赦すことができず
彼らは生きても理解することができないのでしょうか

「私に同情するな」といった
ある従軍慰安婦のおばあさんの日記
彼女らの千切られた時間が慰められる痛みになることを

慰められる傷になることに先立って、告白してください
時間につれて、雨は自分の道を戻っていき
銅像の上 飛び降りる鳥一羽
もう、
私たち互いに春の顔で向き合うことができるように …
サラ・ティーズデール*の希望のように
「近づいてくるすべてから最大限を
離れていくすべてから最小限を」
もう まことに
各自の未来に向かって
平和であることができるように
自由であることができるように …

*アメリカの女性詩人。韓国ドラマ「冬のソナタ」で詩が引用された。（訳注）

가난한 일본

일본을 움직이는 동경의 샐러리맨들은 가난하다
매일이 반복되는 검정제복 군단의 행렬,
러시아워의 역에는 플랫폼의 나뒹구는 꽁초와
캔커피 깡통만큼 지친 얼굴로 그들이 오고 간다.
싸구려 선술집에선 '위하여'를 위한 바쁜 목축임이 있고
지식이란 보잘것없는 짐을 구겨 넣은 채
정종 한 모금에 어묵 한 사발의
침묵을 삼킨다 하루를 삼킨다.
지금 단지 팔 프로로 인상 된 소비세가
가장의 어깨를 누를 뿐,
그 어떤 것에라도 귀 기울여 줄
여유가 없는 삶에
누가 또 내일을 재촉하는가
누가 또 역사를 논하는가
삼 년이 흐른 동북지진의 쇼크,
사람들의 소리는 묻히고, 사람들의 말은 허공에 묶인 채로다
상처로 남은 것들,
이 하루를 어루만지기에도 너무 짧은 시간이
째깍거리며 간다 가난한 일본에서.

貧しい日本

日本を動かす東京のサラリーマンたちは貧しい
毎日繰り返される黒い制服軍団の行列
ラッシュ・アワーの駅にはプラットホームに転がる吸殻と
缶コーヒーの缶ほど疲れた顔で彼らが行き来する。
安っぽい居酒屋では「乾杯」のための忙しい喉潤しがあり
知識というつまらない荷物を詰め込んだまま
一杯の日本酒に一皿のおでんの
沈黙を呑み込む 一日を呑み込む。
今 ただ８パーセントに引き上げられた消費税が
家長の肩を押えるだけ、
どんなものにも耳を傾けてやるほど
余裕のない生活に
誰がまた明日を促すのか
誰がまた歴史を論ずるのか
三年が流れた東日本大震災のショック、
人々の声は埋められ、人々の言葉は虚空に縛られたままだ
傷として残ったものたち、
この一日を慰めるにも短過ぎる時間が
カチカチと進む 貧しい日本で

〈감수자의 말〉

시의 본질을 오늘의 언어로 아름답게 표현한 시집

사가와 아키(시인)

시는 언어나 시대를 초월하여 공감을 불러일으키는 것입니다. 최유지 시인의 시집 〈공감의 거리〉는 제목에서부터 시의 본질을 잘 포착하고 있습니다. 저자는 서문에, '공감할 수 있는 거리에 당신이 존재하고/ 자신이 존재함은/ 지상에서 얻는 가장 큰 위로이다/ 축복이다'라고 써 놓았습니다만, 시의 핵심을 매우 간결하게 암시적으로 표현하고 있어서, 최유지 시인의 재능이 탁월함을 알 수 있습니다. '공감할 수 있는 거리'란, 지구의 생물이 가장 적당한 거리를 취함으로써, 태양으로부터 에너지를 얻고, 생명체로서 태어날 수가 있었던 것처럼, 사람들이 각각 개체로서 존재하면서도 같은 생각이나 이미지를 가짐으로써, 마음의 생명력을 공명(共鳴)시켜가는 모습을 상상하게 합니다. 또한, 공감하면서 타자성(他者性)이나 언어, 풍토에 의해 빗나감을 느끼고, 그 빗나가는 위화감이 다시 복잡하면서도 격조 높은 서정을 직조(織造)해갑니다.

시 「안녕 도쿄」의 끝부분에 '오후를 가로지른 오자키 유타카의 「I love you」를 흥얼거리면 소스라치도록의 비극이 즐거움이 되는 이유를 아무리 생각해 봐도 알 수 없는 우린 영원한 다다미방의 이방인'이라는 구절이 나옵니다. 일본의 록 가수인 오자키 유타카의 노래를 부르면서, '우린 영원한 다다미방의 이방인'이라고 생각하는 것은, 매우 흥미 깊은 부분입니다. 록 가수라는 하위 문화(sub-culture)에서, 한·일이 함께 동시대적인 감성을 공유하고 있습니다. 일본에서도 〈동방신기〉, 〈BIG BANG〉, 〈소녀시대〉 등 한류 문화라고 불리는 현상이 눈부신 기세로 석권하였습니다. 글로벌 시대의 감성의 공유를 시에 담아내고 있는 것은 신선합니다. 그러나, '우린 영원한 다다미방의 이방인'은, 윤동주의 「쉽게 씌어진 시」의 '6첩(疊) 방은 남의 나라'를 생각나게 합니다. 차가운 거리감을 느낍니다. 윤동주를 죽음으로 몰아넣은 역사가 존재하는 일본에 대해서는, 위화감과 거리감을 느끼지 않을 수 없을 것입니다. 시 「가난한 일본」에서는, '삼 년이 흐른 동북 지진의 쇼크,/ 사람들의 소리는 묻히고, 사람들의 말은 허공에 묶인 채로다'라는, 날카로운 비판의 모습도 보입니다. 사이에 공기가 있어야 공명을 하고, 렌즈는 정확한 거리에 의해 대상을 분명하게 투영하게 되는 것입니다. 자기자신은 볼 수 없는 모습을 이웃나라의 사람들이 분명히 비춰주고 있습니다. 사랑을 갈구하고 고독을 느끼는 인간의 운명은, 일본에서의 생활로 인해 한층 강하게 마음에 새겨지게 되었을 것입니다.

한편, 최유지 시인의 시의 언어는, 신선하며 센스가 빛나고 있습니다. 시 「선(線) 위에 있다」에서는, '그대 마음 속 정원 하나,/ 프로방스의 들꽃처럼 흔들렸음에'라는, 지구적인 비유가 아름답습니다.

일본어 번역에 대하여는, 매우 탁월한 번역자이며 시인이신 권택명 선생의 수고를 아주 조금 도와드리는 정도로, 최유지 시인의 훌륭한 시에 접할 수가 있어서, 참으로 감사하게 생각합니다. 최유지 시인의 시집 출간을 기뻐하고 축하 드리며, 더 한층 시작(詩作)에 발전이 있기를 기원합니다.

<監修者の言葉>

詩の本質を今日的に美しく表現した詩集

佐川亜紀（詩人）

詩は言語や時代を超えて共感を呼び起こすものです。崔由地さんの詩集『共感の距離』は、題名からして詩の本質をよくとらえています。序文に「共感できる距離にあなたが存在し／自分が存在するのは、／地上で得られるもっとも大きい慰めである。／祝福である。」と書いていますが、詩の核心をとても簡潔に暗示的に表現していて、崔由地さんの才能の優秀さが分かります。「共感できる距離」とは、地球の生物がちょうど適した距離を取ることによって太陽からエネルギーを得て、生命体としてうまれることができたように、人々がそれぞれ個体として存立しながら、同じ思いやイメージを抱くことで心の生命力を共鳴させていく様子を想像させます。さらに、共感しながら、他者性や言語や風土によってズレを感じ、その違和感がさらに複雑で高度な抒情を織り成していきます。

詩「さらば東京」の最後に＜午後を横切る尾崎豊の「I love you」を鼻歌で歌いながらびっくりするほどの悲劇が楽しみになる理由をいくら考えてみても分からない私たちは永遠に畳部屋の異邦人＞という詩句が出てきます。日本のロック歌手である尾崎豊の曲を歌いながら＜私たちは永遠に畳部屋の異邦人＞と思うのは非常に興味深い所です。ロック歌手というサブカルチャーで日韓ともに同時代的な感性を共有しています。日本でも「東方神起」、「ＢＩＧＢＡＮＧ」、「少女時代」など韓流文化と言われたものが華々しい勢いで席巻しました。グローバル時代の感性の共有を詩に盛り込んでいるのは新鮮です。しかし、＜私たちは永遠の畳部屋の異邦人＞は、尹東柱の「たやすく書かれた詩」の「六畳間は他人の国」を思い出させます。冷ややかな距離を感じます。尹東柱を死に追いやった歴史が存在する日本に対しては、違和感と距離を抱かざるをえないでしょう。詩「貧しい日本」では＜三年が流れた東北大震災のショック、／人々の声は埋められ、人々の言葉は／虚空に縛られたままだ＞という鋭い批評の作品も見られます。間に空気があってこそ共振しますし、レンズは的確な距離により対象を明確に映し出すものです。自分では見えない姿を隣国の人がくっきりと映しています。愛を求めて孤独を感じる人間の運命は、日本での生活で一層強く心に刻まれたことでしょう。

一方、崔由地さんの詩の言葉は、みずみずしくセンスが光っています。詩「線の上にある」では＜あなたの心の中の庭園ひとつ、／プロバンスの野花のように／揺れたのだから＞と、地球的な比喩が美しいです。

日本語訳に関して、大変優れた翻訳者・詩人である権宅明先生のお仕事を少しだけお手伝いすることができ、崔由地さんの素敵な詩に触れることができ、とてもありがたく思います。崔由地詩集の出版を喜んでお祝いし、ますますのご創作のご発展をお祈り申し上げます。

〈번역자의 말〉

사랑, 그 영원한 신비를 좇아

권택명(시인·번역가)

최유지 시인의 시집 〈공감의 거리〉에서, 독자들은 우선 '아픔', '절망', '고독', '눈'', '이별', '슬픔', '상처', '고뇌', '원망' 등 숱하게 마음을 무겁게 하는 언어와, 시인의 정서적인 상태와 만난다. 그런 의미에서, 이 시집은 결코 가볍게 읽어나갈 수 있는 작품집이 아닐지 모른다. 하지만, 궁극적으로 이 시집은 '사랑'의 시집이며, '희망'과 '행복', 따뜻한 '추억'과 '용서', 그리고'공감'의 시집이다.

최유지 시인이 노래하고 있는 아픔이나 고통은, 주로 사랑 그 자체로부터 유래하는 것이지만, 그 스펙트럼은 보다 다양한 것이어서, 시인이 일본이라는 이방의 땅(그것도 모국인 한국과는 여러 측면에서 다양한 미해결의 응어리들을 안고 있는)에서 살고 있는 데서 오는 생활상의 얘기라든가, 인간의 근본적인 고독이나 쓸쓸함까지 포괄하고 있다. 무엇보다도, 낯선 이국에서의 생활에 뿌리 내리기 위해서는, 틀림없이 엄청난 고생을 겪었을 것임에도 불구하고, 시를 쓰는 일을 잊어 버리지 않고, 이 정도의 작품을 써냈다는 것은, 우선 상찬(賞讚)을 받아 마땅할 것이다. 물론, 어떤 의미에서는, 시를 씀으로써 숱한 어려움과 갈등을 극복해온 것이기도 하리라.

그런데, '공감'이라는 것은 혼자서는 의미가 없는 단어이다. 두 사람 또는 복수의 상대방이 있어야 비로소 의미를 가지게 된다. 소위 '타자(他者)'라는 존재가 있기 때문에 성립되는 단어이다. 타자란 자신 이외의 모든 것을 가리키는 것이겠지만, 최유지 시인에게 '타자'란, 사랑하는 대상으로서의 '누구(그)' 또는 '무엇(그것)'으로 생각해도 무방하리라.

공감을 한다는 것은, 양자 사이에서 매우 바람직하고 우호적인 것이다. 따라서 그 공감의 거리가 가까우면 가까울수록 좋을 것이다. 그러나, 여기서 중요한 것은, 아무리 가까워도 실제적으로 '거리'는 존재한다는 인식이다. 흔히 "부부는 일심동체"라는 말을 하지만, 근원적으로 인간은 개체로서 존재하기에, 아무리 사랑하는 남편과 아내라 할지라도, 동체(한 몸)가 되는 것은 불가능하다. 일정한 거리가 존재하는 것이 인간의 숙명이라는 점을 인정하지 않을 수 없다. 그런 의미에서, 시인이 「공감의 거리 II」에서, '공감의 거리에/ 누군가 있다는 건/ 길을 걸으면서도/ 무심히 미소 짓게 하는 그것/ 빗장을 열면,/ 꽃잎 되어 흐르는/ 바람의 느낌/ 인생은 추억이 되고/ 그가/ 오고 있다/ 공감의 거리에서'라고 쓰고 있는 것은 충분히 이해가 가는 것이다.

오랜 세월에 걸쳐 한·일 양국의 친선 우호 증진을 위해 진력해온 〈한일문화교류센터〉 강성재 회장의 소개와 요청을 받아, 천학비재(淺學菲才)이면서도 최유지 시인의 시집을 일본어로 번역하게 되었다. 번역하면서, 최유지 시인의 시는 어떤면 오케스트라라고 하기보다는, 주위를 잔잔하게 하고 청중들의 마음에 스미는, 섬세한 실내악과 같은 느낌이 들었다. 때로 큰 목소리로 현실적인 사안에도 터치를 하고는 있지만, 전체적으로 아픔과 고통을 극복한 것에서 스며 나오는, 사랑과

희망이. '공감'이라는 키 워드로 변주되고 있음을 느끼게 되기 때문이다.

끝으로, 이 시집이 일본어 시집으로서도 훌륭하게 탄생할 수 있게 된 것은, 오로지 나의 오랜 시우(詩友)이기도 하고 동역자이기도 한, 일본의 유명 시인 사가와 아키 선생의 세심하고 탁월한 감수 덕택인 점을 기록하여, 진심으로 감사의 뜻을 표하고자 한다. 최유지 시인의 시집 〈공감의 거리〉 출판을 축하하며, 앞으로 더욱 더한 활약을 기대한다.

<訳者の言葉>

愛、その永遠の謎をめぐって

権宅明（詩人・翻訳家）

崔由地詩人の詩集『共感の距離』で、読者はまず「痛み」「絶望」「孤独」「涙」「別れ」「悲哀」「傷」「悩み」「恨み」など、多くの心を重くする言葉と詩人の情緒的な状態に出会う。その意味で、この詩集は決して軽々しく読み進められる作品集ではないかも知れない。しかし、究極的にこの詩集は「愛」の詩集であり、「希望」と「幸福」、温かい「追憶」や「赦し」と「共感」の詩集である。

崔由地詩人が歌っている痛みや苦しみは、おもに愛そのものから由来するものではあるが、そのスペクトルはより多様なものであって、詩人が日本という異邦の地（それも母国の韓国とは多くの側面で様々な未解決のわだかまりを抱えている）で暮らすことからくる生活上の事柄や、人間の根本的な孤独や寂しさまで包括している。何よりも、見慣れない異国での生活に根付くためには、間違いなく大変な苦労をしてきたはずなのに、詩作のことを忘れることなく、これほどの作品を書き上げたということは、まず賞賛に値するものである。もちろん、ある意味では、詩を書くことによって、多くの困難や葛藤を乗り越えて来たのでもあるだろう。

さて、「共感」ということは、一人では意味のない言葉である。二人もしくは複数の相手があってからこそ初めて意味を持つようになる。いわば、「他者」という存在があるから成り立つ言葉である。他者とは自分以外のすべてを指すものであろうが、崔由地詩人にとっての「他者」とは、愛する対象としての「誰（彼）」もしくは「何（それ）」と考えてよいだろう。

共感を持つことは、両者の間にとって大変望ましく友好的なことである。従ってその共感の距離が近ければ近いほどよいことであろう。しかし、ここで重要なのは、いくら近くても実際的に「距離」は存在するという認識である。よく「夫婦一心同体」と言われるけれど、そもそも人間は個体として存在するので、いくら愛する夫や妻であるとしても、同体になるのはできない。一定の距離が存在するのが、人間の宿命なら宿命であることを認めざるを得ない。そんな意味から、詩人が「共感の距離II」で、「共感できる/ 誰かがいるということは/ 道を歩きながらも/ 何気なく微笑むようになるもの/ 門を抜けば/ 花弁になって流れる/ 風の感じ/ 人生は思い出になり/ 彼が/ 来ている/ 共感の距離から」と綴っているのは、十分理解できることである。

長年に渡り日・韓両国の親善友好の増進のために尽力してきた、韓・日文化交流センターの姜星財会長のご紹介とご依頼を受けて、非学浅才でありながらも、崔由地詩人の詩集を日本語に翻訳することになった。翻訳する間に、崔由地詩人の詩は、ある面オーケストラと言うよりは、周りを静め、聴衆の心に染みる繊細な室内楽のような気がしてきた。時々声高に現実的な事柄にも触れてはいるものの、全体的に痛みや苦しみを乗り越えたところで滲み出される、愛と希望が、「共感」というキーワードで変奏されているのを感じるからである。

最後に、この詩集が日本語の詩集としても立派に出来上がったのは、偏に私の長年の友人でもあり同労者でもある、日本の有名詩人佐川亜紀先生の、細心で優れた監修のお陰であることを記し、心からの感謝の意を表したい。崔由地詩人の詩集『共感の距離』の出版をお祝いし、これからの益々のご活躍を期待したい。

시집 발간 축하의 변

한 인간이 생을 통해 시인으로 거듭 난다는 것은, 참으로 의미 깊은 사건일 것입니다.

최유지시인. 그녀가 조만간 먼 타국 동경에서, 삶의 편린들이 묻어 있는 시편들을 일역(日譯)으로 출간 한다고 합니다. 이는 그녀의 시에 대한 굳건한 의지와 열정의 결과로 여겨집니다. 돌이켜보면 세계적으로도 예술의 고향으로 손색없는 통영에서, 그녀의 깊은 뜻이 널리 알려져 큰 울림이 되길 비는 마음을 전합니다.

김보한(金甫漢)

시인, 공학박사. 1955년 경남 통영 출생. 1986년《경향신문》신춘문예 시조(時調) 당선, 1987년『문예중앙』시(詩) 발표로 등단. 시집(詩集), 시조(時調集)집 총 11권 발간. 현재 거제대학교 기계공학과 출강, 초정기념사업회 추진위원장.

詩集発刊の祝辞

一人の人間が生涯を通して新しく生まれるということは、まことに意味の深い出来事であると思います。崔由地詩人。彼女がこの度遠い他国である東京の地で、人生の片鱗たちがついている詩篇を、日本語訳で刊行すると聞きます。このことは、彼女の詩に対する堅固な意志と情熱の結果であると思われます。考えてみれば、世界的にも芸術の故郷として遜色のない統営で生まれた、彼女の奥深い情緒が広く知らされて、大きな響きとなるように、祈念いたします。

金甫漢

詩人、工学博士。1955年韓国慶尚南道統営市生まれ。1986年『京郷新聞』新春文芸懸賞募集で時調が当選し、1987年『文芸中央』誌に詩を発表して登壇。11冊の詩集と時調集を刊行。現在、巨済大学校機械工学科に出講、艸丁記念事業会推進委員長。

축사

끈질긴 창작의욕이 바다를 건넜구나.

「공감의 거리」도 그렇게 형성되고, 이제는 한 권의 책으로 다가와 하얀 미소로 내 눈 앞에 선다.

이국민

90년도 조선일보 신춘문예 당선「희곡」작가
「통영별곡」,「별신」,「바다위에 뜬 별」저자

崔由地 詩集、『共感の距離』推薦の言葉

“不屈の創作意欲が海を渡ったのだ。『共感の距離』もそのように形成され、今は一冊の本になって近寄り、白い微笑みで私の目の前に立つ。”

李国旼

1990年 朝鮮日報 新春文芸 懸賞募集当選「戯曲」作家、
『統営別曲』,『別神』,『海の上に浮かんだ星』の 著者